채문사 시인선 007

# 흰 당나귀를 만나보셨나요

박미산 시집

채문사

\* 이 시집은 2020년 채문사에서 간행된 『흰 당나귀를 만나보셨나요』 개정판입니다.

흰 당나귀를 만나보셨나요

## 시인의 말

모래알이 부서져 내려 기울어진,
소설보다 더 소설 같은,
지금 이곳
있으면서도 없는,
그들의 향기를 맡으러
새까만 그 시간 속을 맨발로 쏘다녔다.
못 견디어 끌어올린 그리움이
누리처럼 쏟아진다.

발바닥이 아프다.

차례

시인의 말 ·························· 5

# 제1부  누하동 시대

흰 당나귀를 만나보셨나요 ················· 13
사람향기를 맡고 싶소 ··················· 15
소폭의 제왕 ······················ 16
꼬르동 블루 ······················ 18
별마당 도서관 ····················· 20

누하동 260 · · · · · · · · · · · · · · · · · · · · · · · · · · · 22
제3의 앵글 · · · · · · · · · · · · · · · · · · · · · · · · · · · 23
붉은 말 조련사 · · · · · · · · · · · · · · · · · · · · · · · 25

# 제2부  소금 꽃, 없는 사람

흑산도 바다다방에는 양양이 있다 · · · · · · · · · · · 29
소금 꽃, 없는 사람 · · · · · · · · · · · · · · · · · · · · · 31
그녀의 치부책엔 · · · · · · · · · · · · · · · · · · · · · · 33
오늘도 이명옥 씨가 글 위를 걷는 이유 · · · · · · 35
복녀 씨 달 · · · · · · · · · · · · · · · · · · · · · · · · · · 36
골든벨 · · · · · · · · · · · · · · · · · · · · · · · · · · · · · · 38
담벼락 높은 집 · · · · · · · · · · · · · · · · · · · · · · · 40
성례의 부엌 · · · · · · · · · · · · · · · · · · · · · · · · · 42
파란 바지 · · · · · · · · · · · · · · · · · · · · · · · · · · · 44
새터민 장 씨 · · · · · · · · · · · · · · · · · · · · · · · · · 46

## 제3부   정릉구락부

중중무진 · · · · · · · · · · · · · · · · · · · · · · · · · · · 49
쪽배의 노래 · · · · · · · · · · · · · · · · · · · · · · · 50
모란, 동백 화실 · · · · · · · · · · · · · · · · · · · · 52
집, 그 여자는 거기 없다 · · · · · · · · · · · · · · · · · 53
만취재 · · · · · · · · · · · · · · · · · · · · · · · · · · · · 55
해인초 · · · · · · · · · · · · · · · · · · · · · · · · · · · · 57
칼로 · · · · · · · · · · · · · · · · · · · · · · · · · · · · · 59


## 제4부   모래마을

시인 · · · · · · · · · · · · · · · · · · · · · · · · · · · · · 63
두꺼비집 · · · · · · · · · · · · · · · · · · · · · · · · · · 64
알파별 스피카 · · · · · · · · · · · · · · · · · · · · · · 66
연두야! · · · · · · · · · · · · · · · · · · · · · · · · · · · 67
모기가 쏜 메일 · · · · · · · · · · · · · · · · · · · · · 69
간섭의 궤도 · · · · · · · · · · · · · · · · · · · · · · · 71

인터스텔라 ················································ 73
복미식당 주방장 ······································ 74
2050년 핫뉴스 ········································· 75
스카이 캐슬 ············································· 76
꽃들의 발소리 ········································· 78

| 해 설 | 존재의 기원과 사람의 심연을 찾아가는 균정의 시학
　— 유성호 ·························· 81 |

제1부

누하동 시대

## 흰 당나귀를 만나보셨나요

— 백석 시 풍으로

경복궁 지나

금천시장을 건너오면

흰 당나귀를 만날 거예요, 당신은

꽃피지 않는 바깥세상일랑 잠시 접어두고

몽글몽글 피어나는 벚꽃을 바라보아요

뜨거운 국수를 먹는 동안

흰 꽃들은 서둘러 떠나고

밀려드는 눈송이가

창문을 두드려요

펄떡이던 심장이 잔잔해졌다고요?

흰 당나귀를 보내드릴게요

혹한의 겨울을 무사히 지낸

푸릇푸릇했던 당신의 옛이야기를

타박타박 싣고 올 거예요

흰 당나귀가 길을 잃었다고요?

바람의 말과

수성동 계곡의 물소리를 따라오세요

불빛에 흔들리는 마가리가 보일 겁니다
우리 잠시, 흰 당나귀가
아주까리기름 쪼는 소리로
느릿느릿 읽어주는 시를 들어보자고요

## 사람향기를 맡고 싶소

— M에게

　어젯밤 흔적들이 누하동 거리에 촘촘하게 박혀 있소 발 밑 버석거리는 술 찌꺼기를 밟고 이층으로 올라가오 이상한 사내가 이상을 만나 술을 마시고 있소

　이층에서 일층으로 내려오는 길이 천 길 낭떠러지 같소 그는 미끄러지면서 순간 정신을 잃소 부풀어 오른 머리통에 쏟아져 내리는 얼음

　두껍게 꿰맨 보름달을 이고 오늘도 그의 향기를 찾아 헤매오 아스팔트가 그를 잡아당기오 주저앉은 엉치뼈가 바닥을 고르고 있소 일어날 수가 없소

　머리가 깨지고 엉치뼈가 부서진 그는 텅 빈 방에서 소주를 홀로 마시오 방바닥에서 칼럼이 자라오 문장 속에서 그녀가 시퍼런 칼과 레몬을 들고 웃고 있소

　놀란 달빛이 이상 아닌 이상을 덮어주고 있소, 책은 덮이고 그의 잠꼬대 소리에 레몬향기와 사람향기가 살아나는 방, 서촌

## 소폭의 제왕

— 인왕선사에게

회색분자이다, 그는
좌도 우도 없다
그런데도 그는 토요일마다 광화문에 간다
노래를 들으며 눈물을 흘리기도 한다, 그는
노래는 씹을 맛이 있는데
시는 씹는 맛을 모르겠다고 한다

새끼가 셋이나 있다, 그는
새벽부터 인왕산을 바라보며
밥과 청소, 설거지를 한다
생사를 넘나들었던 교통사고,
사촌 동생의 자살, 작은아버지의 자살,
비상을 꿈꾸다 생을 포기하는
사람들의 자살을 살자로 바꾸는 일을 한다

소폭을 좋아한다, 그는
맥주와 소주가 섞이는 것처럼

제왕나비의 이어달리기처럼

세상을 한마음으로 만들 수 있다고 믿는다


다리에 있는 철심을 빼냈다, 그는

지금 철이 없는 사내다

그래서 오늘도 폭소를 터뜨리며 소폭을 마신다

사력을 다해 허물 벗은 제왕나비처럼

낯선 하늘을 펼쳐 들고

죽은 자들의 밤\*을 아우르면서

---

\*   제왕나비가 캐나다에서 멕시코 미초아칸에 도착한 그 날 열리는 축제 이름

## 꼬르동 블루

— H에게

황금 사과와 새우, 바질, 마늘, 올리브와
푸른 밤을 버무려 파스타를 만듭니다

토스카나 시장에서 빛났던 포모도로
노상 카페에서 붉게 빛나는 와인
꼬르동 블루인 그의 맛이에요

밖엔 눈이 오고,
뚜벅뚜벅 늙은 나무는 걸어 들어오고,
지하철은 끝나고,
눈 꽃잎 한 장,
마음 이파리 한 장으로 칵테일을 만듭니다

그는 밤새 낡은 심장을,
차갑고 시린 시간을 굽습니다

칵테일에 푹 저며진

뜨겁고 말랑한 심장을 우리는 포크로 떠먹어요


황홀하게 빛나던 어둠 속 하얀 눈이
아침이면 다른 세계로 이동하겠지요


아스팔트 위 납작하게 더러워진 채로,

## 별마당 도서관

> — L에게

　별 하나가 활자처럼 사분거리는 밤이죠 당신을 따라 보르헤스가, 별들이 따라가네요 쏟아지거나 떨어지는 질문을 갖고요 단 한 권의 여자를 보는 일, 단 한 권의 사랑에 빠지는 일, 세계의 길을 걷는 한 권의 일, 당신은 영원히 해답을 찾을 수 없을지 몰라요

　좁은 골목을 따라 지팡이를 두드리며 당신은 걸어가요 절대 차를 타는 법이 없죠 아니 절대라거나 영원이라는 말은 이 세상에 소용없는 말이에요 당신은 갈증과 허기를 채우러 늘 길을 떠나죠 돌아오는 길은 생각한 적이 없어요

　당신은 별이 반짝이는 곳이면 어디든 갑니다 괴산 매내미재 숲속에서 그를 만났고, 속초에서는 완벽한 날들을 만났어요 낯선 길에서 의미 있는 별을 만나면 지팡이를 던지고 당신도 모르게 달려가고 말죠 사람들의 이야기가 깊게 배어있는 빈 의자를 당신이 채울 때 신세계가 펼쳐지죠

　당신은 사분사분하는 별을 부수어 마당에 깔아놓습니다 그 위

를 걷는 당신의 빛나는 발자국을 우리는 바라봅니다 새벽이 건네는 초점 잃은 구절들*이 별에서 흘러내리면 함께 바라보고 싶은 바다가 펼쳐지고, 숲속의 길이 나타나요 도서관은 절대 우주**니까요

---

\* 보르헤스의 「축복의 시」에서 빌림
\*\* 보르헤스의 단편 『바벨의 도서관』 中 「도서관은 거대한 우주다」에서 빌림

## 누하동 260

— 은희에게

당신의 등 뒤에는 커다란 유리창이 있고
유리창 너머 더 큰 벚나무가 있다
당신의 등을 만지던 벚나무 가지가
햇살을 돌아 당신 앞에 앉는다
새까만 궁금증이
뜨거운 꽃으로 피어난다, 커피 한 모금에서

석양으로 온화해진 그곳
팔에 기브스를 한 당신에겐
멍게 향이 번져 나오고 남쪽 바다가 보인다
열에 들뜬 당신의 또 다른 시작이
캔버스에 가득 얹히는 것을 본다, 나는

팔 하나로 그림을 그리는 당신 옆에서 어깨를 대주고
북두칠성을 함께 바라보고
꿈을 꿀 수 있는 그곳
밤새 크레파스가 둥글게 번져나가는,
밤새 벚나무가 가지를 뻗어 지켜주는,
누하동 260

## 제3의 앵글

— 우 작가에게

　　중학생 아이의 손엔 책 대신 새벽 신문이 들려있다 포틀랜드 일식집에서 카메라 대신 사시미 칼을 들고 있는 청년의 손, 누드와 영혼의 노래로 생의 은유를 포착해오던 그의 뉴욕시대가 펼쳐진다 조선여인들이 그의 카메라로 걸어 들어간다 가체를 얹은 채 곰방대를 빠는 황후 왕비 기녀들의 꿈과 눈물이 그의 두 손안에서 황색 홍색 자적색 녹색의 한복을 입고 다시 태어난다, 에로틱하고 몽환적인

　　두 세기는 순간이기도 하고 영원이기도 하다
　　그는 조선 여인의 살결을 쓰다듬으며 마음을 비운다
　　그녀들의 누드에 수천수만 년의 시간을 지녀온 원석을 손작업으로 정성스레 입힌다
　　죽어있던 여인들의 혈색이 살아난다
　　과거 현재 미래의 여인들이 그의 렌즈를 거쳐 환생한다
　　만 레이도
　　빌 그란트도
　　이리나 이오네스코도 그랬듯이

도전과 도발로
관능미를 숭고미의 세계로 만드는
제3의 앵글

## 붉은 말 조련사

진부령 허리를 휘감고 달렸는데
폭설에 갇혀 주저앉았지
수없이 채찍을 맞았는데도 꼼짝 못하고
오도 가도 못한 날

말발굽 사이 얼었던 모래톱이 무너진다
용을 쓰면 쓸수록 무릎관절이 꺾인다
백도白島를 이탈한 밀물이
절뚝거리며 달려든다

귀로 눈으로 입으로 주문진 바다를 들인 밤
짜디짠 길을 마셨다가 뱉어내는
괴상한 울음이
정적을 깬다

채찍을 버리고
붉은 갈기를 쓸어내린다

길이 막히면 뒷걸음질 치지 말고
무릎 꿇는 일을 오늘 새벽에서야 배운다

거만하던 바닷물이 빠져 나가고
단단해진 모래 위로 길이 나 있다
밤새 굽혔던 무릎을 쭉 편다
고삐를 다시 잡는다

## 제2부

소금 꽃, 없는 사람

## 흑산도 바다다방에는 양양이 있다

지나가던 육지 바람이 들어가자
바다다방이 둥둥 뜬다
그녀도 붕붕 떠서
바람과 바람 사이를 누비고 다닌다
출렁이는 물빛 너머를 바라보는
그녀의 입술에선 풍경소리가 새어 나온다
잘 삭힌 홍어 같은,
그동안 잊었던 육지 바람이
그녀의 풍경을 흔들고
다방 안엔 모처럼 그녀의 해맑은 풍경소리가 가득 찬다

한구석에 독사처럼 웅크리고 있던 바람이 담뱃불을 붙인다
서울에서 대구로
목포에서 흑산도로
그녀의 가랑이 사이를 훑어 내리던 담배 연기가
그녀 뒤통수를 휘감는다
그녀가 물속에 고꾸라진다

쌍화차에 빠진 대추처럼

커피포트는 좁고

손에 갇힌 물,

물에 갇힌 손,

수평선이 바닥에 납작 엎드린 그녀를 묶고 있다

## 소금 꽃, 없는 사람

당신은 바다 건너 처음 보는 숲으로 갑니다
하얀 꽃만 피는 숲입니다
다른 식물이 자라지 못하는,
맨발로 꽃을 피우는 일이 그의 몫입니다
그는 눈부신 햇살아래에서도 보이지 않는 사람입니다
꽃밭에선 삽자루만 움직이고
땀방울을 닦는 수건만 보입니다
발밑에는 당신이 피운 꽃무덤이 하얗게 펼쳐있습니다

그는 절대 보이면 안 되는 사람입니다
새벽이면 당신의 앓는 소리만 들립니다
얻어맞은 몸뚱이를
억지로 일으켜 염전으로 갑니다
바다는 그가 걸어온 길처럼 어둡습니다
당신은 하누넘*으로 어머니를 만나러 갑니다
눈물이 그의 거칠어진 두 발을 녹입니다

---

\* 하늘 넘어

그의 몸이, 얼굴이 녹아내려

소금 꽃이 됩니다

김 씨가 날아갔나?

외지사람들이 묻습니다

날고 싶어 했던 흔적만 소금꽃밭에 남아있는,

당신의 생몰도 사라진,

비금도飛禽島

비금도飛金島

## 그녀의 치부책엔

이제 올 수 없다
삼십 년도 더 넘게 왔던 인천 여자

한 풍경이 들어온다 새우젓 조기 꽃게 가자미가 그녀 머리에 인 다라이에서 쏟아지면 우리 집은 포구다 **티비에선 싱싱한 꽃게 고르는 법이 한창이다. 배를 눌렀을 때 물이나 내장이 흘러나오고 다리가 온전하지 못하면 부패한 거라고 요리사가 말한다.** 펄펄 살아 날뛰던 꽃게를 손질해 놓곤 막걸리 한 사발을 들이킨다 혼인한 지 며칠 만에 시앗을 얻어나간 남편은 아들 하나 달랑 남겨놓고 하늘나라로 돌아갔다 여자의 몫으로 남은 아들을 데리고 생선 장사 시작한 지 55년째다 며느리까지 보았다고 자랑한 게 엊그제였는데 오늘은 눈자위가 붉어지도록 막걸릿잔을 비운다. 그녀의 단단했던 모래성 귀퉁이가 허물어진다 **비린내를 없애기 위해 대파와 양파를 깔고 꽃게를 통으로 찐다.** 평생 모은 그녀 전 재산인 5층짜리를 꿀꺽 먹어 치운 아들, 비린내 나는 그 남자를 나는 냉동실에 처넣었다 **개그맨이 밥도둑 꽃게의 하얀 살점을 꿀꺽꿀꺽 삼킨다.** 해산한 후 한동안 밥을 먹지 못했던 나에게 미역국을 끓여주던 그녀는 봄철 살 오른 암꽃게 같았다 한동안 보이지 않았던 그녀가 꽃게를 손질한다 손질하는 뒷모습이 가을 암꽃게 같다 **꽃게탕이 부글부글 끓는다.** 받아놓은 막걸리에 입만 축이는 그녀, 소화가 안 된다며 불편한 다리를 끌고 계단을 잡고 옆으로 내려간다 간장게장은 곰삭았고 김장철이 왔는데 암 투병 중인 그녀는 오지 못한다

    그녀의 치부책에
    나와 주고받은 막걸릿잔들이 적혀있어
    전화했노라고 모래알처럼 흐느끼는 그녀 아들
    나는 그를 비로소 냉동실에서 끄집어낸다
    게 발 마디를 똑똑 잘라내듯
    짜디짠 시간을 잘라내 후련하겠다, 그녀는

## 오늘도 이명옥 씨가 글 위를 걷는 이유


무조건 걷고 또 걸었어 불빛이 보였어 인민군들이 불빛을 에워싸고 있었어 오빠 입을 틀어막는 아버지, 오빠를 들쳐 안고 다시 돌아가기 시작했어 가파르게 매달린 길을 걷고 또 걸었어

허리까지 눈 속에 갇힌 몸뚱이로 강원도까지 왔어 학교 문턱도 가보지 못한 오빠와 나는 산뽕을 따고 물고기를 잡으려고 산과 강을 걷고 또 걸었어

오빠는 보병이 되어 걷고 또 걸었어 무장공비는 사정없이 총을 쏘아댔지 오빠는 다리 하나를 잃었어 우울증과 불면증이 오빠의 어깨를 짓눌렀어 지팡이를 마구 흔들며 걸었지 아이들에게 꿈에게 하느님에게 올케에게 닥치는 대로 지팡이를 휘둘렀어

눈이 온다 바람이 뛰어온다 소나무랑 산뽕나무가 눈을 털어 산자락에 글자를 쓴다 나는 불편한 다리를 끌고 걷고 또 걷는다 하늘에서 뛰어오는 오빠가 글을 쓰라 한다 까막눈인 내가 온몸으로 시를 쓰고 있다

## 복녀 씨 달

내 등을 파고드는 남동생을 업고 눈길을 걷습니다
당신은 아시나요?
말라깽이 아홉 살 여자애가 남동생을 업고
삼십 리 넘는 눈길을 갈 수 있다는 걸요

보름달을 쫓아갑니다
입에서 단내가 납니다
보름달을 한 모금 베어 뭅니다
당신은 아시나요?
보름달이 모래알로 변하는 걸요

보따리 하나 달랑 든 엄마
당신은 보셨나요?
재가한 엄마의 낯선 얼굴과
내 눈물이 번져 뭉개진 보름달을요

언덕배기 고모네 초가집에서

시퍼렇게 언 무청 시래기가 파삭파삭 부서지고

호롱불이 쓰러집니다

당신은 아시나요?

보름달이 부풀면 우리 남매

몰래 달그림자를 핥아 먹는 걸요


숨이 흘러가는 사이

삼양동 하늘에 하현달이 뜹니다

당신은 아시나요?

내 등은 여전히 열린 채로

몸살을 앓고 있는 걸요

## 골든벨

도르르 말려있는 가슴이 콩닥콩닥
처음 초대받은 그녀
좀꽃마리처럼 바닥에 쪼그려 앉아있는데
문제가 들리지 않는다
온몸을 비틀어 짜야만 나오는 글자

기억의 꼬리를 붙잡고
문자의 줄기들을 끌어모은다
깜빡 깜빡거리던 백열등 아래
낡은 책이 바스라진다

패자부활전이다
학교에 가지 못했던 유년의 기억을 깁는다
순간, 글자들이 꿈틀대며 백지 위를 기어간다
등짝에 땀방울이 흐른다
말라버린 꽃들이 수런거린다

폭죽이 터진다
하늘이 된 그녀, 영숙에게
채송화, 제비꽃, 냉이꽃이 박수친다
카메라 세례를 받으면서도 부끄러워
골든벨 뒤에 숨는다

## 담벼락 높은 집


아버지 손을 잡고 걸었어요

언덕을 넘어 차도를 지나

담장 높은 집을 하염없이 바라보았어요

발꿈치를 들기도 하고

문틈으로 집안을 엿보기도 하고

초인종을 눌러도 대답 없는 육중한 대문


담장에 꽂혀있는 병조각들이 혀를 자르고 입술을 봉하네요

아버지는 담배꽁초로 입술을 만들어

허공에다 언니 이름을 그려요

나는 돌멩이를 주머니에 넣어 언니 손을 만들어요


가을비가 내려요

혼자 길을 잃고 헤맵니다

주머니에서 돌멩이를 꺼내 힘껏 던집니다

목을 조여 오던 글자들이 화들짝 꽃비가 되어

불 꺼진 나의 집 담벼락에 부딪치며 쏟아져요

당신, 이제 걱정하지 말아요

수천송이 꽃잎들이 환하게 빛나고 있잖아요

나는 담벼락에 앉아 꽃비를 맞으며

내 청춘의 문장으로 노래할 겁니다

## 성례의 부엌


보리밥이 설설 끓어 넘친다
자기 키보다 높은 가마솥 뚜껑을 민다
그 애가 부지깽이로 아궁이를 휘젓는다
솔방울 솔잎 나뭇가지 공책 나부랭이
그 애 손에 닿으면 모든 것이 불꽃이 되었다

아궁이 재가 흩어지고
연탄재 하얗게 쌓여가는 골목을 지나
석유곤로에서 밥물이 흘러넘치는 점심에
그 애는 현해탄을 건너갔다

밤마다 몰래 마실 나갔던 그 애
회초리를 들고 혼 내키던 그녀 엄마
그 애랑 놀지 말라던 나의 아버지
우리 둘이 짝사랑했던 창교도 세상을 떠났다

첫 남편의 주먹도

오빠에게 날린 전 재산도

두 번째 일본인 남편도

달라붙어 떨어지지 않는 점괘란다

한파주의보가 내린 날

이제야 화병을 불로 누르는 법을 알았다며

물리도록 먹었던 보리밥과 푸성귀를 앞에 두고

젖어버린 그 애

먹어도 먹어도

배부르지 않은 말, 못했던 말들이

빨갛게 엉켜 타다가

푸른빛으로 변하다가

어느 순간 하얗게 사그라지는

저녁이 간다

## 파란 바지

그 애의 부음 소식이 문자로 날아온 건 새벽이었다

해방촌에 사는 아이들은 학교 가는 것보다 굶는 게 더 쉬웠다 굶어 죽는 아이들, 전염병이 돌아 죽는 아이들, 하늘의 계시라고 개척교회 목사는 말했고 무당은 신장님 단련이라고 해서 굿을 하기도 했다 용케 살아난 우리들은 공장으로 학교로 흩어졌다.

성례는 엉뚱 발랄했다 단 한 벌밖에 없는 파란 바지를 사시사철 입었던 그 애는 히치하이커가 되어 미래를 향해 달렸다 깊은 생각도 할 수 없는, 인생에 대한 질문도 모른 채, 오로지 먹는다는 것만 생각하고 외항선원과 항해를 시작했다 그러나 그녀는 갈가리 찢긴 채 난파된 몸으로 현해탄을 건넜다

포도밭이 있는 시골 외딴곳, 포도송이마다 우울이 매달렸다. 그녀는 점차 말이 없어지고 식탐이 사라졌다 이국의 포도밭에서 말을 잃어버리고 안으로 안으로 걸어 잠근 그녀의 얼굴이 가뭄 속의 포도 이파리처럼 바짝 메말라갔다

우리가 파란 바지로 불렀던 그녀가 왔다

현해탄을 건너 파란 잔디장葬으로,

## 새터민 장 씨

영하 십오 도, 매서운 하루를 오토바이에 싣고 가요 만리장성 철 밥통과 눈알만이 차도를 굴러가네요 지구가 기울어지고 살 속을 파고들던 아이들이 떨어져요 급제동하는 장 씨, 그 자리에 얼어붙어 감정이 없는 아이스맨이 됩니다

말라비틀어진 밥알들이 쪼그리고 누워있어요 밥통에서 아이들을 꺼냅니다 하얀 쌀밥 냄새 맡은 아이들이 고픈 배를 쥐고 쏟아져 내려요 눈보라는 치고요 따뜻한 핏물이 굳기 전 빨갛게 물든 강바닥을 하얀 눈이 지웁니다 강바닥에 그대로 두고 온 아이들도, 휴전선도 지우고 싶은 순간입니다

제3부

정릉구락부

## 중중무진重重無盡

— 고 최정희 소설가에게

　회색빛 긴 코트를 바닥에 끌던 당신, 처음 선을 보던 정동 MBC 2층 럭스, 당신 눈 속으로 걸어 들어가면 이상이 백석이 김동환이 나타났다가 사라진다 그들의 바다에서 빠져나온 당신의 눈에 내가 떨면서 앉아있다 인드라망 구슬에 나를 그대로 담은 당신의 눈동자, 스물다섯 해 추위를 홀로 견뎌내던 나를 회색빛 긴 코트로 막아준다 창밖엔 눈보라가 친다

　당신은 진종일 화투를 치다가 통행금지에 쫓겨 4층까지 미친 듯이 올라간다 싸늘한 냉기가 맞아주던 마포아파트, 눈은 여전히 내리고 그녀가 떠난 자리에서 퍼렇게 언 줄봉사들이 둘러앉아 화투를 친다 화투판을 찾아다니던 당신은 지금도 우주를 돌며 화투를 칠 것이다 나는 명치끝에 달려있던 구슬 소리를 꾹꾹 눌러 삼킨다 정릉구락부 줄봉사들의 붉은 말들도 수런수런 그물에 걸려있다 우리들의 소설은 아직 끝나지 않았다

## 쪽배의 노래*

봄, 여름, 가을,
겨울을 부피감 없이 납작 붙어 있곤 했던 쪽배가
시간의 밤을 건너
홀로 문자를 저어 이곳으로 오고 있어요

전쟁터에서 생을 건넌 익조 오빠
빈방에서 종일 아코디언을 켜면
이웃집 칠면조가 넘어오고
나무 아래로 꽃들이 모여들었어요

우리 자매와 오빠는 아버지가 달랐어요
오빠 등에 매달렸던 언니와 내가
넓디넓게 퍼져나가는 꽃향기를 타고
쪽배처럼 시간의 물결 속을 저어가요

담 밖으로 쓸어 내버리는 낙엽처럼
북으로 쓸려간 아버지 파인

'바람 속에서'도 꿋꿋하게 살다가 하늘로 간

어머니

병명도 모른 채 식물인간으로 살다간 젊은 익조오빠

'영원들의 여행'을 떠난 언니가

쪽배를 타고 흘러가요


입체적인 이름을 적은 쪽배를

물 위에 놓아줍니다

여행을 떠나려는 내 이름이

그들을 따라 번져갑니다

---

\* 김채원의 소설 『쪽배의 노래』에서 빌림

## 모란, 동백 화실

평창동 지하 차고 화실에는
슈산보이가 왔다 가고
살풀이춤이 감겼다가 풀어진다
어둠이 졸음을 가두리 해놓는다
맨발의 청조 춤이
쪽배에 실린 채원의 노래가
술잔이 끝없이 끝도 없이 돌아가며
제하의 기타 아래로 모여든다
모란이, 동백이 추임새다
추임새에 맨살을 드러낸 우리를
'황홀'하게 한 컷에 담는 조문진 감독
모란아가씨는 아이를 낳고
동백아가씨는 손주를 보고
우리의 대장 경옥 씨는 여전히 씩씩한데
김문수의 만취당 뻐꾸기는 별이 되었다
생채기 난 흑백필름에서 살아난
모란, 동백이
깊게 주름진 화실을 밀고 간다

한순간이다

## 집, 그 여자는 거기 없다

천둥과 벼락을 치며 들어오는
그녀를 삼켜 버린다
등에서 활활 타고 있는 그녀의 손, 기의 파동

그녀의 기를 고스란히 물려받은
나의 몸은 파동의 세계에 떠 있고
이마엔 부처의 점이 들어앉는다

미래세계로 불려 나간
나는 나로부터 멀리 달아난다

아이가 교통사고를 당하는 내일
아버지가 돌아가시는 글피가 보인다

나는 백회를 닫고 먼 집 먼 바다를 다닌다

그녀는 오늘

뉴욕에서 눈을 감고

잠이 들었던 나는 그녀가 부르는 소리에 두 눈을 뜬다

한기가 뼛속까지 스며드는데

한천寒天에서 별이 지고 번개가 파동 친다

또다시 공중부양하려는 나

시누이인 그녀가 꾹 누른다

사랑의 기쁨보다 사랑의 슬픔을 더 겪은,

그런데도 내생보다 이생이 좋다는 그 여자

여기 있다

---

\* 『집 - 그 여자는 거기에 없다』, 『먼 집 먼 바다』, 『사랑의 기쁨』은 김지원의 소설 제목

## 만취재 晚翠齋

우린 노송을 바라보며 밤새도록 술을 마셨지요
당신의 커다란 눈 속엔 푸른 소나무가 울울창창한데
도깨비 국물을 마신 당신은 왜 서러운 꽃으로 보이는지

수유리 마당에 눈보라가 치는데도
당신은 꼿꼿한 소나무 같았어요
시냇가의 소나무는 더디고 더디게 자라지만
울창하고 늦도록 푸른 것처럼*

만취滿醉해도 만취晩翠했던 당신

서러운 꽃은 지고
어둠 저쪽의 빛으로 당신은 아무 말도 없이 가셨지요

여름의 나팔꽃을 다시 보지 못하고,
정릉구락부 우리를 남겨놓고,
팔십 아버님이 쓰신 만취재 편액도,

편액과 함께 대대로 세거世居로 삼고 싶은 만취재도 남겨 놓고,


눈이 펑펑 옵니다

푸른 소나무 자락을 끌어내려

당신과 만취하고 싶은 이 불투명한 밤에,










* 지지간송반(遲遲澗松畔), 울울함만취(鬱鬱含晚翠): 송나라 범질의 시로 김문수의 소설 『만취당기』에 나옴

# 해인초*

그녀를 처음 본 건 최정희 소설가의 정릉집이었다

사춘기의 문턱에서 소설 '중국인 거리'를 봤다 치옥과 매기를 상상하며 차이나타운과 양공주가 많이 살던 신포동 2층 방을 훔쳐보곤 했다 2층 낡은 목조건물엔 커튼이 쳐져있고 나는 중국인 청년이 불현듯 나타나지 않을까하는 상상을 하며 얼굴이 달아올랐다

학교를 넘어 홍예문, 맥아더 공원, 선창가, 제분공장을 쏘다니며 소설가가 되겠다고 결심한 건 그녀의 문장이었다 나의 글쓰기의 근원인 그녀를 처음 본 순간, 해인초 먹은 것 같이 온 세상이 노랬다

'옛우물'의 주인공 같은 그녀는 나랑 앞치마를 두르고 조문객을 맞이했다. 금빛잉어의 전설은 전설로 끝냈는지, 손이 거친 그녀는 능숙하게 설거지했다 J평론가와 K평론가가 그녀가 갖다 주는 맥주를 마시면서 이집 파출부들은 '지적이네'라며 쑤군댔다

몇 년 전 어느 여름날, 몽골에서 이박 삼일을 함께 지낸 그녀는 녹슨 구리거울처럼 아팠다 그녀는 '동경'의 아내처럼 흰 머리카락을 쓸어 올리며 노랗게 웃었다 갑자기 끓어오르는 해인초의 거품, 조개탄에서 피어오르는 연기. 해조海藻와 뒤섞이는 석회 냄새가 온통 노란빛으로 회오리치며 몽골까지 몰려왔다

---

\* 해인초: 끓여서 달여 먹거나 말려 가루를 내서 회충약으로 먹는 해조류. 오정희의 소설 제목과 소설의 일부를 빌림.

## 칼로

왼쪽 검지 손톱 중간을 칼로 쑥 저민다
손톱과 손톱 밑 살,
오이지가 도마에 빨갛게 누워있다
프리다 칼로의 고통보다
내 피가 더 무섭다

식칼을 오른손으로 움켜쥐고
'배신자의 달' 옆구리를 뚫고 들어간다
평생 블루문에 갇혀
제 살을 저며 먹는 칼로
배신의 고통이 침대에서 솟구친다

손톱이 반달로 차오를 때마다
다시 잡은 칼로 살을 썬다
살점은 꿈틀거리고
도마 소리는 점점 커지고

나는 서른두 번 찢긴 살과
오이지, 소주 한 병을 들고
칼로의 블루문으로 들어간다

찌푸린 일자 눈썹 아래
피로 물든 아기를 안은
그녀가 나를 쏘아본다

그녀의 눈에서 화살이 발사되고
나는 달아나다 '다친 사슴'
펄떡거리다가 숨을 삼키는 순간
피비린내가 울컥울컥 넘어오고
블루문이 열린다

# 제4부

## 모래마을

# 시인

인천 창영국민학교 앞

손을 꼭 잡은 남매

여자아이는 교문 안으로 들어가고

오빠는 구두통을 메고 세상 안으로 돌아간다

흙먼지 뒤집어쓴 구두를

지전으로 바꾸면서

세상을 닦아냈다, 오빠는

까맣게 터진 왼손으로 내 오른손을 뜨겁게 잡고

말을 잇지 못해

시인이 되었다, 나는

오늘도 오빠의 잃어버린 말을 찾아 세상 안으로 돌아간다

## 두꺼비집

이 마을의 내력은 짧다
이북에서 넘어온 어른들이 마을에 들어온 순간 삽시간에 늙어 버렸다
어른들을 바라보던 아이들도 겉늙어버렸다

조로증을 앓는 아이들이 죽어 나갔다
대가 끊긴 집에선 토막 울음소리가 들렸다

공수 내린 무당이 방울을 흔든다
방울에 매달려 있던 말이 우수수 쏟아진다

눈을 부릅뜬 무당의 입에서
잎 누런 아이의 말이 투욱 툭 떨어진다

정수리에 퍼붓는 말의 씨앗들
머리를 쥐어뜯는 나에게 무당이 춤을 추며 다가온다

두껍아 두껍아

헌 집 줄게 새집 다오


애써 쌓은 나의 두꺼비집을 밟아버린 그 아이

허연 버짐이 덕지덕지 낀 아이가 나를 보고 웃는다


뒤져버려! 뒤져버려!


비척거리며 뒤돌아서던 아이의 등에

쉴 새 없이 내리꽂혔던 나의 말


무르고 싶은,

이제 무를 수 없는 씨앗처處

## 알파별 스피카*

사람들이 벽돌을 하나씩 빼내갔다
우리는 알알이 흘러내렸다
과외를 받던 아이들은
무너져 내리는 소리를 듣고
돌아오지 않았다
우리가 벽돌을 쌓아올린 집에
사라진 아버지 대신
낯모르는 얼굴들이 드러누웠다
담배연기가 내 방을 점령했다
처음 가져본 나의 방엔
중학영어, 국어문제집들이 상에서 뒹굴고
온몸에 들러붙는 그들의
고함 소리를 털어내려고
나는 모래바람을 삼켰다
지평선 위로 하얗게 빛나는 별이 떴다
모래알이 처녀자리에 돌풍을 일으키고
스르르 무너지는 여고시절

---

\* 황도 12궁 중 6궁에 해당하는 별자리인 처녀자리의 으뜸별이다

## 연두야!



봄밤이다


너는 모래사막을 끝없이 걷다가 만난 은하수
너는 푸른 바다를 유유히 헤엄치는 연두연두


봄밤이다


화르르 벚꽃이 지는 모래마을
나는 피기도 전에 얇은 살이 찢어진 채 떨어지는 꽃잎


캡슐, 가루약, 연고를 갖고 놀던 너는 나의 페르세우스
온종일 주판알을 튕기던 나는 너의 안드로메다


하르르 달도 별도 꽃잎도 떨어지는 벚나무 아래에서
너랑 나랑 은하수를 헤엄치려던 봄밤이다


나무 아래 깨진 병이 나의 왼손 엄지 아래를 긋자

붉은 피가 활화산처럼 솟구쳤지

하얀 러닝셔츠를 찢어 붉은 분화구를 막던 봄밤
등줄기 땀이 아름답게 빛나던 너

이젠 아문 줄 알았는데
지금도 다시 불쑥 불쑥 쑤시는 봄

나란히 누워 떨어지는 별을 헤아리고 싶은 꿈을
아직도 꾸는 밤이다

연두야!
넌 어디 있니?
지금 겨울밤인데,

우리 만날 수나 있는 거니?

## 모기가 쓴 메일

사촌오빠가 죽었어요

이북을 몇 차례나 들락거렸대요

이쪽에서 죽였는지 저쪽에서 죽였는지

유디티는 국경을 여러 번 넘나들수록 목이 짧아진다네요

목숨이라는 말, 스무 살엔 실감나지 않았어요

오빠가 죽었다니까

아무렇지 않게 몸을 얹고 싶었어요

글썽이던 내 무릎이 그의 무릎에 겹쳐지고

무덤뿐인 곳에서 땀을 흘리는데

모기들이 노려보고 있어요

준비 땅!

자세가 흐트러지지 않는

우리 몸통을 향해 따발총을 쏘아댔죠

이봐요, 살아있나요?

부풀어 올라 커진 엉덩이

급하게 지퍼를 올려 감추었죠

그와 나의 본능은

무덤 속으로 들어가고

운명을 쏴 갈긴

스무 살의 모기

이봐요,

살아있나요?

## 간섭의 궤도

내 몸은 밤의 사막이었다
모래알 하나가 넘어졌다
도미노처럼 무너졌다
빠져 나오려고 애쓸수록 더 깊이 들어갔다
목까지 차올랐다, 춥다
죽어가도록 내버려 두었다

죽은 줄 알았는데
선인장이 피어나고 있었다
가시를 품고 이십대를 보냈다
살아남기 위해
나를 지키기 위해
가까이 다가오는 사람에게 가시를 박았다
아버지는 내가 찌른 가시를 가슴에 꽂고 계셨다
다른 행성으로 갈 때까지,

영안실을 나왔다

폭우가 쏟아졌다

내 몸에서 선인장이 뽑혔다

아버지에게 전하지 못한 말이

당신이 없는 마당에 젖은 채 곤두박질 쳤다

나는 기우뚱거리는 지구의 계단에서 훌쩍이고

당신은 잠시 머물렀던 둥근 지구를 벗어나며

궤도를 이탈하는 중이다

# 인터스텔라

— 아버지의 우주여행


 밀밥을 우겨넣던 당신이 펼쳐져 있다 밀 포대를 멘 당신의 어깨를 한 장 한 장 넘긴다 부둣가에서 하역하던 젊은 당신, 태양과 맞서 새카맣게 그을린 얼굴에서 땀방울이 떨어진다 타향에서 공전하던 땀방울이, 흙먼지가 환호도 고통도 없이 팽창한다 뒤돌아보지 못하고 태양계 밖으로 떠난 당신과 잇닿아있던 나의 이목구비가 부서진다

 당신의 페이지를 무작위로 펼쳐 든다 먼지투성이인 달력에서 번진 숫자만이 유령처럼 매달려 있다 우리는 모스부호처럼 짧게 손가락을 스친다 시간의 손가락이 풀리고 당신보다 훨씬 늙어버린 나를 바라본다 기다리라던 시간의 한가운데에서 자전의 바퀴를 굴린다 별과 별 사이 아직 난 살아있다, 주름살 하나 없는 사랑을 믿으면서 고집스럽게 앉아 시곗바늘을 돌린다

## 복미식당 주방장

— 엄마에게

밤새 어깨를 나란히 한 뼈다귀들이 뜨거워집니다 반쯤 졸은 육수 위에 한쪽으로 고이는 기름, 죽도록 뜨거워진 뼈와 기름을 걷어낸 자리에 그가 채워집니다 대낮에도 불을 켜야 하는 주방에서 그는 '폐가 뜨거워'하다가 팔월을 견디지 못하고 하늘나라로 갔습니다, 새벽마다 함께 냉면발을 뽑아내던 나를 두고서

그에겐 냉면발이 쉽게 끊어졌지만, 나에겐 질기기만 합니다 염천에도 키다리 칸나처럼 새빨갛게 이글거리는 불에서 냉면 사리를 건져냅니다. 당신의 사리인양 두 손으로 감쌉니다 다정한 김이 모락모락 올라옵니다 손바닥에서 뛰는 심장을 찬물에 헹굽니다

그녀의 손이 바빠집니다
여덟 아이를 먹여 살린 질긴 사리를 감습니다
구십 여년을 살아낸 그녀의 사리는 얼마나 영롱할까요?

## 2050년 핫뉴스



  심장에서 터져 나오는 불길을 견디느라 애쓰던 원통보전 대들보, 등을 맞댄 용 두 마리가 단 한 번 얼굴을 마주 보고 우주 밖으로 흘러내린다 이미 결정된 건 무너져 내리는 일, 낙산사 동종이 톱뉴스로 흘러나온다

  완순이네 집에 불이 났다 불길은 옆집 우성이네 집으로 불이 옮겨 탔다 검은 하늘로 튀어 나가던 불티는 별과 함께 추위와 비바람을 이겨낸 납작한 지붕 위에 업힌다 다닥다닥 붙은 판잣집과 루삥집이 무너진다

  모래마을이 온통 불바다다 가난이 쩍쩍 갈라 터지는 소리 물동이 이고 지고 불길보다 먼저 발걸음 옮기는 사람들 우리들 발아래로 옆구리로 불붙은 판자더미가 툭툭 떨어진다 불구덩이를 바라보며 화석이 된 꼬맹이들 심장도 쉼 없이 쾅쾅거린다

  TV 화면에선 보물을 태우고도 춤추는 불꽃을 톱뉴스로 띄우고 뇌 회로에서 갑자기 튀어나온 불타는 마을은 나에게 핫뉴스로 뜬다 2050년 우주 밖에서도 무시로 튀어나올 것 같은 핫뉴스,

## 스카이 캐슬

구정물이 아우성치며 흐르다

그대로 얼어버린 가난한 빙판길

연탄재를 밟고 비탈진 길을 올라간다

꼭대기엔 대문도 없는 푸석한 집이 있었다

엄마는 우아한 성을 뜨개질하며 항상 같은 노래를 했다

너희들은 용이 되어야 한다고

꽁꽁 언 시궁창 길을 거슬러 올라가는 길이

얼마나 힘든 일인지 잘 알면서도,

담장도 없이

어깨와 어깨를 맞댄 지붕 아래

단칸방에서 꾸역꾸역 기어 나온 아이들이 미끄럼을 탔다

그 좁은 길을 가득 메우며

아이들은 떼를 지어 내달렸다

위에서 아래로 내려오긴 쉬웠다

날기는커녕 발을 쉽게 떼지 못했다, 나는

넘어지고 자빠지며

눈물만 훌쩍 건너뛰었다

그녀의 스카이캐슬에는

뜨개바늘이 회초리가 되어 기다리고 있었다


지금도 용꿈을 간직한 늙은 엄마는

대바늘로 성을 짜며

더 계속 올라가라고,

더 높이 올라가라고,

노래 부른다

## 꽃들의 발소리

아타카마 사막
아무도 살 수 없는 불모의 땅이었다
몇 천 년 만에 폭우가 내렸다
내 생애에 있을 수 없는 일이었다
넘실대는 활자를 품고
달의 계곡을 걷기 시작했다

모래 바람이 부풀고 있다
싹트던 문장들이 낙타 등에서 곤두박질쳤다
발길에 채이고 짓밟히며
죽음의 계곡으로 떨어졌다
찢어지고 젖어 알 수 없는 문자들

이름 한 번 얻지 못한 사막 깊은 곳에서
뜨겁게 달궈진 시가 훗날 발굴될 수 있을까

빗방울을 발목에 걸고
내일 또 내일을 걸어야겠다
흔적 없이 또 사라질지라도,

존재의 기원과
사람의 심연을 찾아가는
균정의 시학

# 존재의 기원과 사람의 심연을 찾아가는 균정의 시학
— 박미산의 시세계

유성호 (문학평론가, 한양대학교 국문과 교수)

## 1. 실존적 발화를 통한 풍부한 인물지(誌)

　서정시는 시인 자신의 실존적 발화를 바탕으로 하는 양식적 특성을 지닌다. 물론 그 대상이 일종의 공적 범주에 속함으로써 사회성을 강하게 띠는 경우도 있지만, 서정시는 그러한 사례에서조차 시인 자신의 궁극적인 실존적 발화를 양도하지 않는다. 그렇다고 서정시의 목소리가 철저하게 사적(私的) 개인에 멈추는 것은 아닐 것이다. 서정시는 사사로운 경험이나 지혜를 들려줄 때에도 그 안에 여러 차원의 공공성과 보편성을 담게 마련이니까 말이다. 결국 그것은 타자를 향해 한껏 기억의 원심력을 가졌다가도 다시 발화자 개인으로 귀환하는 구심력을 동시에 가진다. 이때 회귀 과정은 오랜 시간을 거치는 것이기 때문에, 여전히 서정시는 '시간예술'로서의 본령을 지켜갈 수밖에 없는 것이다.

　박미산의 세 번째 시집 『흰 당나귀를 만나보셨나요』는 이러한 시간예술로서의 속성을 남다르게 견지한 서정시의 한 범례(範例)라고 할 수 있다. 첫 시집 『루낭의 지도』(2008)와 두 번째 시집 『태양의 혀』(2014)를 펴낸 시인으로서는 모두 여섯 살 터울의 세

자녀를 탄생시킨 셈인데, 시인은 「시인의 말」에서 이번 시집이 "지금 이곳/있으면서도 없는,/그들의 향기를 맡으러/새까만 그 시간 속을 맨발로" 다녔던 시간과, "못 견디어 끌어올린 그리움이/누리처럼 쏟아진" 시간의 심미적 기록임을 밝히고 있다. 그래서 이번 시집은 그동안 시인이 만났거나 읽었거나 흠모해온 사람들을 시간의 문맥 안으로 끌어들인 데서 그 경개(景槪)가 구현된다. 그네들의 다양한 인생유전을 때로는 재현하고 때로는 배경으로 삼아 풍부한 인물지(誌)를 펼쳐낸 것이다. 이처럼 '시인 박미산'의 기억 속에 선연하고 서럽고 아름답게 잔상으로 남아 있는 이들은 시인을 시인이게 한 가장 원형적인 예술적 텍스트이기도 하다. 다양한 조건과 맥락 속에서 그네들은 시인의 삶에 감동의 순간을 선사해준 어떤 원형들이 아닐 수 없을 것이다. 그 가운데는 누구나 알 수 있는 분도 있고, 검색해보면 금세 알 수 있는 분도 있고, 시인의 개인사 맥락에 있기 때문에 추정만 가능한 분도 있다. 그분들을 관통하는 이미지들 가운데는 고통스런 가난의 세목도 있고, 짧은 예술적 광휘도 있으며, 삶이라는 운명을 향한 침착한 체념도 출렁인다. 그래서 우리는 일찍이 "척추의 외심에서 내심으로 돌다가/정수리에서 하나가 되어 꽂히는 시를 꿈꾸었다."(「시인의 말」, 『루낭의 지도』)라고 말한 시인의 집념이 이번 시집에서 비로소 아름답게 결실한 것이 아닌가 하고 생각하게 된다.

**2. 존재론적 기원, 삶의 궁극적 본원**

앞에서도 강조했듯이, 박미산의 시는 시인 자신의 실존적 고투를 핵심으로 삼는 고백 양식으로 다가온다. 그 안에는 한 시대의 평면적 기억을 재현하거나 주류적 힘에 편승하거나 의뭉한 의미론적 그로테스크를 도모하려는 지향이 거의 없다. 다만 시인은 독자적인 사유와 감각을 통해 삶을 새롭게 기억하고 거기에 자신만의 경험적 의미를 부여하려는 오래된 열망을 담아갈 뿐이다. 물론 여기서 새로운 사유와 감각이란 실험적 전위들이 견지하는 모험적 상상력과는 무관한 것이다. 오히려 그것은 지나가버린 삶의 고전적 위의(威儀)를 새삼 기억하고 그것을 준거로 하여 새로운 삶의 질서를 세워보려는 역설의 의지를 뜻한다. 박미산의 시는 이러한 고전적 사유와 감각을 통해 삶의 순간적 파악에 기초한 고백적 언어 예술로 완성되어가는 것이다. 특별히 이번 시집은 가파르게 흘러온 삶을 회억(回憶)하고, '시'라는 예술적 틀을 신뢰하면서, 그러한 기억과 예술이 만나는 순간이야말로 가장 오랜 시간의 흐름이 함축되어 있다는 것을 증언해간다. 이러한 접점에서 박미산은 수많은 사람들을 만나고 끌어올리고 그네들만의 자리를 마련해가는데, 그의 시에 나오는 인물들을 몇 개의 동심원을 그려 배열한다면 중심에서 가장 가까운 원에 가족들이 놓일 것이다. 시인을 중심으로 가장 근거리에 자리잡고 있는 이들은 '시인 박미산'의 더없는 존재론적 기원이요 지금도 새록새록 살아나는 삶의 궁극적 본원이기도 할 것이기 때문이다.

인천 창영국민학교 앞

손을 꼭 잡은 남매

여자아이는 교문 안으로 들어가고

오빠는 구두통을 메고 세상 안으로 돌아간다

흙먼지 뒤집어쓴 구두를

지전으로 바꾸면서

세상을 닦아냈다, 오빠는

까맣게 터진 왼손으로 내 오른손을 뜨겁게 잡고

말을 잇지 못해

시인이 되었다, 나는

오늘도 오빠의 잃어버린 말을 찾아 세상 안으로 돌아간다

- 「시인」 전문

『태양의 혀』에 실렸던 「용동 큰 우물」에서도 등장했던 인천의 '창영국민학교'는 여기서도 다시 한 번 서사적 구심을 이루고 있다. 그 학교 앞에서 "손을 꼭 잡은 남매"의 한 풍경이 판화처럼 각인된다. 여동생은 교문 안으로 등교하고 오빠는 구두통을 멘 채고 교문 바깥의 세상으로 돌아가는 이 장면은, 외관상으로는 가난의 곡절을 상상하게끔 하지만, 내면적으로는 오누이의 따뜻

하게 공유된 시간을 공간화한 것이라고 할 수 있다. 오빠는 흙먼지 뒤집어쓴 구두를 닦는 노동을 통해 흐릿한 세상을 닦아냈을 것이다. 교문 앞에서 오빠의 까맣게 터진 왼손은 어느새 따뜻한 손이 되어 '나'의 오른손을 잡았는데, 그때 오빠는 말을 잇지 못했어도 그 말을 이어받은 '나'로 하여금 '시인'이 되게끔 했던 것이다. 그렇게 "오빠의 잃어버린 말을 찾아 세상 안으로" 돌아간 누이는 이제 '시인'이 될 수밖에 없었고, 또 그렇게 시인이 되어 되찾은 말을 세상에 내놓아야 한다는 생각으로 시를 써간다. 결국 박미산은 오랜 시간을 흘러온 "말의 씨앗들"(「두꺼비집」)을 "청춘의 문장으로 노래"(「담벼락 높은 집」)함으로써 '시인'으로서의 실존적 직임을 다해간다.

이 작품에는 '세상'이 세 번 나오는데, 오빠가 닦아내는 '세상'을 중심으로, 오빠가 돌아간 '세상'과 시인이 오늘도 돌아가는 '세상'이 데칼코마니처럼 엮여 있다. 이제 그것은 오빠의 노동과 눈물로 닦여서, 누이의 언어로 새롭게 만들어져갈 세상이 되었다. 그 가파르고 거칠고 막막한 세상은 이제 오빠의 차가운 왼손으로부터 온기를 부여받은 시인의 오른손이 해갈 '노동으로서의 시쓰기'로 전이된 것이다. 결국 이 작품의 '시인'이라는 제목은 '시인 박미산'으로 하여금 '시' 혹은 '시쓰기'에 대한 메타적 탐구에 나서게끔 해준 핵심 개념이 된다. 말할 것도 없이 '말(언어)'의 사제(司祭)인 '시인'이 의식하고 표현하는 것은 순연한 기억 자체가 아니라 그 기억을 선택하고 구성해가는 '말(언어)'의 배열 방식이라고 할 수 있다. 그 점에서 박미산의 '말'에 대한 자의식은 '시인' 됨의 제일의적 조건이 되며, 시를 써가는 힘 역시 '잃어버린 말'의 심미적 배열 과정에서 솟구치는 어떤 에너지일 것이다. 그러한 힘을 통해 박미산은 자신의 존재론을 탐색해올 수 있었을 터이고, 그 기억의 중심은 시인의 내면에서 선택되고 구성된 오롯한 '말'의 힘에 의해 이월해왔던 것이다.

밀밥을 우겨넣던 당신이 펼쳐져 있다 밀 포대를 멘 당신의 어깨를 한 장 한 장 넘긴다 부둣가에서 하역하던 젊은 당신, 태양과 맞서 새카맣게 그을린 얼굴에서 땀방울이 떨어진다 타향에서 공전하던 땀방울이, 흙먼지가 환호도 고통도 없이 팽창한다 뒤돌아보지 못하고 태양계 밖으로 떠난 당신과 잇닿아있던 나의 이목구비가 부서진다

당신의 페이지를 무작위로 펼쳐 든다 먼지투성이인 달력에서 번진 숫자만이 유령처럼 매달려 있다 우리는 모스부호처럼 짧게 손가락을 스친다 시간의 손가락이 풀리고 당신보다 훨씬 늙어버린 나를 바라본다 기다리라던 시간의 한가운데에서 자전의 바퀴를 굴린다 별과 별 사이 아직 난 살아있다, 주름살 하나 없는 사랑을 믿으면서 고집스럽게 앉아 시곗바늘을 돌린다

- 「인터스텔라 — 아버지의 우주여행」 전문

이번에는 '아버지'를 향한 기억이 솟구친다. 2014년에 개봉한 SF영화 「인터스텔라」는, 그 규모와 상상력도 돋보였지만, 일종의 가족애를 통해 삶의 초월성을 표현한 작품으로도 유명하다. 따뜻하고 강렬한 아버지의 사랑을 핵심 전언으로 담고 있는 것이다. 위의 시편에서 '당신'이라는 2인칭으로 표상된 '아버지'의 생

은 '밀밥'과 '밀 포대'와 '부둣가'와 '타향'과 '땀방울'이라는 기호로 집약되고 있다. 그 기호들을 우겨넣고 메고 하역하고 떨어뜨리면서 '젊은 아버지'의 입과 어깨와 얼굴은 "환호도 고통도 없이" 우주로 팽창해갔다. 영화 속 아버지처럼 뒤돌아보지도 않고 태양계 밖으로 떠난 '당신'과 잇닿아 있던 '나'의 이목구비도 함께 부서져 내린다. 한 장 한 장의 "당신의 페이지"가 무심하게 넘어가고 있을 때 시인은 "먼지투성이인 달력에서 번진 숫자"가 유령처럼 매달려 있음을 보는데, 그때의 '당신'보다 지금의 '나'가 훨씬 늙어버렸음을 그 안에서 발견하는 것이다. 그렇게 '별과 별 사이' 곧 인터스텔라에서 아직 살아있는 '나'는 아버지의 사랑을 믿으며 시곗바늘을 돌리고, 아버지의 우주여행은 시인의 상상 속에서 항구적으로 지속되어갈 것이다.

원래 우리에게 '시간'이란 삶 속에서 하나의 일관된 흐름으로 표상된다. 하지만 시간의 흐름은 그 자체로 객관적 실재가 아니라 하나의 형상적 경험으로만 다가온다. 다만 우리는 그것을 의식적으로 분절하여 과거에서 현재로 또 현재에서 미래로 흐른다는 은유를 활용할 뿐이다. 그러나 우리는 시간을 물리적 실재가 아닌 사후적 흔적을 통해 인지하게 되고, 그때 시간이란 사람마다 다른 기억과 경험 속에서 재구성되는 것일 수밖에 없다. 박미산의 시는 이러한 흐름으로서의 '시간' 경험을 집중적으로 형상화하면서, 물리적 시간을 초월하여, 존재론적 기원 혹은 삶의 궁극적 본원을 상상하는 목소리를 아름답고 눈물겹고 쓸쓸하고 따뜻하게 발하고 있다. 그 안에서 박미산의 '시적 시간'은 지금도 고요하고 힘차게 흐르고 있다.

## 3. '시인 박미산'의 글쓰기의 기원들

 이렇듯 박미산의 시는 단순한 삶의 기억을 넘어 복합적인 겹의 속성을 인식하면서도 그것을 단호하고 힘찬 정신의 결속 과정으로 직조해가는 특유의 역동성을 보여준다. 이 점, 박미산 시의 미학적 수일함을 증명하는 장점일 것이다. 박미산은 좌고우면하거나 머뭇거리지 않고 자신이 굴착한 '시적인 것'을 직핍(直逼)의 힘으로 밀어가는데, 그 역동성과 확장성을 품은 성취를 두고 우리는 시인이 이제는 삶의 궁극을 향해 한 걸음씩 나아가고 있다고 말할 수 있을 것이다. 이처럼 박미산은 삶의 궁극적 형상을 얻기 위해 기억 속의 장면들을 섬세하게 꺼내 보여주고 또 들려준다. 그 장면들은 어느새 내면으로 번져가 삶의 이면을 넉넉하게 쓰다듬고 받아들이는 시인만의 품과 격으로 이어져간다. 이러한 품과 격에 의해 선택된 기억들은 그 다음 동심원에 배치되는데, '시인 박미산'을 가능하게 했던 글쓰기의 기원들이 그 원주(圓周)에 놓일 것이다. 그분들은 이상(李箱)이나 백석, 최정희나 김문수처럼 이미 고인이 된 문인들도 있고, 이제하나 오정희처럼 지금도 열정적으로 활동하는 분들도 있다.

  회색빛 긴 코트를 바닥에 끌던 당신, 처음 선을 보던 정동
 MBC2층 럭스, 당신 눈 속으로 걸어 들어가면 이상이 백석이
 김동환이 나타났다가 사라진다 그들의 바다에서 빠져나온

당신의 눈에 내가 떨면서 앉아있다 인드라망 구슬에 나를 그
대로 담은 당신의 눈동자, 스물다섯 해 추위를 홀로 견뎌내
던 나를 회색빛 긴 코트로 막아준다 창밖엔 눈보라가 친다

  당신은 진종일 화투를 치다가 통행금지에 쫓겨 4층까지
미친 듯이 올라간다 싸늘한 냉기가 맞아주던 마포아파트, 눈
은 여전히 내리고 그녀가 떠난 자리에서 퍼렇게 언 줄봉사들
이 둘러앉아 화투를 친다 화투판을 찾아다니던 당신은 지금
도 우주를 돌며 화투를 칠 것이다 나는 명치끝에 달려있던 구
슬 소리를 꾹꾹 눌러 삼킨다 정릉구락부 줄봉사들의 붉은 말
들도 수런수런 그물에 걸려있다 우리들의 소설은 아직 끝나
지 않았다

-「중중무진重重無盡 — 고 최정희 소설가에게」

  박미산의 시에는 소설가 최정희 선생의 정릉집이 나오고, 선생의 두 딸 채원과 지원 자매가 나오고, 그녀들의 "북으로 쓸려간 아버지 파인"(「쪽배의 노래」)이 나온다. 이 작품 속에서는 "회색빛 긴 코트를 바닥에 끌던" 최정희를 중심으로 당대 이름난 문사인 파인, 이상, 백석이 차례로 명멸한다. 최정희의 눈동자는 "인드라망 구슬"에 '나'를 그대로 담은 채 긴 코트로 추위를 막아주기도 했던 기억으로 떠오른다. 이제 최정희 선생은 "정릉구락부 줄봉사들의 붉은 말들도 수런수런 그물에" 건 채 지금 우리 곁에 있지 않다. 그렇게 최정희를 둘러싼 이야기들은 끝나지 않고 '중중무진重重無盡' 이어져갈 것이다.

  여기서 '중중무진'이란, 우주 일체가 서로 무한한 관계망을 가

진 채 얽히고설켜 일체화되어 있는 상태를 말한다. '인드라망(網)' 역시 사방으로 끝없는 그물로서 그 그물코에는 보배구슬이 달려 있고 어느 한 구슬은 다른 모든 구슬을 비추고 그 구슬은 동시에 다른 모든 구슬에 비춰지는 호혜적 관계가 끝없이 이어지는 개념이다. 박미산은 이 시편에서 김동환과 최정희는 물론, 이상과 백석, 그리고 훗날의 정릉구락부 사람들까지 호출하면서 그네들의 "날고 싶어 했던 흔적"(「소금 꽃, 없는 사람」)을 환기하고, 그렇게 흘러간 시간을 두고 "절대라거나 영원이라는 말은 이 세상에 소용없는 말"(「별마당 도서관 — L에게」)임을 통절하게 깨닫는다. 중중무진 이어져가는 인드라망을 연상케 하는 기억의 원심력이다. 그리고 이제 그 사람들의 모습은 여기저기 나타나고 또 사라져간다. 다음에 증언되는 '정릉구락부'의 모습은 또 어떠한가.

    평창동 지하 차고 화실에는
    슈산보이가 왔다 가고
    살풀이춤이 감겼다가 풀어진다
    어둠이 졸음을 가두리 해놓는다
    맨발의 청조 춤이
    쪽배에 실린 채원의 노래가
    술잔이 끝없이 끝도 없이 돌아가며
    제하의 기타 아래로 모여든다
    모란이, 동백이 추임새다
    추임새에 맨살을 드러낸 우리를
    '황홀'하게 한 컷에 담는 조문진 감독
    모란아가씨는 아이를 낳고
    동백아가씨는 손주를 보고

  우리의 대장 경옥 씨는 여전히 씩씩한데
  김문수의 만취당 뻐꾸기는 별이 되었다
  생채기 난 흑백필름에서 살아난
  모란, 동백이
  깊게 주름진 화실을 밀고 간다

  한순간이다.

-「모란, 동백 화실」 전문

 여기 등장하는 인물들은 '노래'와 '춤'과 '술'과 '기타'와 '추임새'를 결속한 예술 공동체를 이룬다. 왔다 가고 감겼다가 풀어지고 맨발과 쪽배가 어둠을 타고 끝없이 돌아간다. 시의 제목을 생성해낸 「모란 동백」이라는 노래의 주인공 이제하 선생은 기타 아래로 이 모든 예술적 열망들을 모은다. 황홀한 한 컷으로 이 풍경을 담아내는 감독 조문진 선생도 있고, 소설가 김문수 선생의 '만취당 뻐꾸기'는 어느새 별이 되었다. 작가의 타계를 생각하면서 시인은 "만취滿醉해도 만취晩翠했던" 그가 "서러운 꽃은 지고/ 어둠 저쪽의 빛으로"(「만취재晩翠齋」) 떠나가 버린 헛헛함을 노래했을 것이다. 결국 이분들은 "영혼의 노래로 생의 은유를 포착해 오던"(「제3의 앵글— 우 작가에게」) 순간을 이토록 진한 기억으로 남겼다. 그렇게 "생채기 난 흑백필름"처럼 '모란'과 '동백'이 주름진 화실을 밀고 갈 때, 시인은 삶이 '한순간'임을 증언하고 있다. '정릉구락부' 사람들을 선명하게 인화하면서, 더러는 "나의 글쓰기의 근원"인 「옛우물」의 오정희 선생도 불러내면서, 박미산 시인은 자신의 예술적 경험을 뼛속까지 만들어준 시간을 톺아 올리고 있는 것이다.

 만약 우리가 이러한 각인의 순간을 '시적 순간'이라고 명명할 수 있다면, 박미산 시의 중심 기능 가운데 하나는 이러한 '시적 순간'을 통해 삶의 시간적 형식을 탐구하는 데 있을 것이다. 그래서 우리는 오랜 기억 속에서 명료하게 되살리지 못했던 시간을 순간적으로 경험하면서, 세상이 인위적으로 그어놓은 시간의 경계를 지워가는 박미산만의 예술적 자유로움을 한껏 느끼게 된다. 그 자유로움이란 우리가 상실한 시간의 속성이자 원리이기도 할 것인데, 그만큼 시인은 흐르는 시간의 원리에 대한 독자적 사유와 감각으로써 우리가 느끼는 삶의 폐허에 대한 반작용으로서 심미적 기원들을 상상하게끔 해주는 것이다.

### 4. 새로운 삶의 도약을 통한 '몸의 기억'

 박미산의 시는 시인 스스로에 대한 기억을 새롭게 구성하면서, 우리로 하여금 오랜 시간의 원리를 따라 삶의 근원에 대한 경험을 치르게끔 한다. 미세한 사물의 움직임에 이르는 다양한 경험을 불가피한 기억의 울타리 안에 담음으로써 이러한 서정의 원리를 한껏 충족해간다. 그러한 동심원적 배치로 설계된 이번 시집의 가장 바깥 원주에는 흑산도 다방에서 만난 '양양'도 있고, 오래 전 시인을 스쳐갔을 인천의 지인(知人)들도 많이 등장한다. 이분들은 매우 근원적이고 명징한 삶의 이법(理法)에 대해 시인에게 자신만의 목소리를 지금도 건네고 있는데, 그 목소리는 시인이 내밀하게 견지해

온 경험과 기억의 크나큰 자양이 되어준 것이다. 이러한 사례를 통해 우리는 시인의 상상력에 의해 재구성된 작품 내적 목소리를 뚜렷하게 듣게 되고, 기억이라는 것이 사실은 시인의 마음에 남아 재구성된 미학적 흔적이라는 것을 알게 된다. 박미산 시인은 의식 건너편에 있는 이러한 기억들을 소환하여 우리에게 그 세계를 경험시켜주면서, 그것이 바로 이미 사라져간 시간에 대한 매혹적이고도 아득한 경험을 가져다주는 방법임을 알려주고 있는 것이다.

경복궁 지나
금천시장을 건너오면
흰 당나귀를 만날 거예요, 당신은
꽃피지 않는 바깥세상일랑 잠시 접어두고
몽글몽글 피어나는 벚꽃을 바라보아요
뜨거운 국수를 먹는 동안
흰 꽃들은 서둘러 떠나고
밀려드는 눈송이가
창문을 두드려요
펄떡이던 심장이 잔잔해졌다고요?
흰 당나귀를 보내 드릴게요
혹한의 겨울을 무사히 지낸
푸릇푸릇했던 당신의 옛이야기를
타박타박 싣고 올 거예요
흰 당나귀가 길을 잃었다고요?
바람의 말과
수성동 계곡의 물소리를 따라오세요
불빛에 흔들리는 마가리가 보일 겁니다
우리 잠시, 흰 당나귀가

> 아주까리기름 쪼는 소리로
> 느릿느릿 읽어주는 시를 들어보자고요
>
> ―「흰 당나귀를 만나보셨나요 ― 백석 시 풍으로」 전문

시인의 삶의 근거이기도 한 "사람향기가 살아나는 방, 서촌"(「사람향기를 맡고 싶소 ― M에게」)에는 "북두칠성을 함께 바라보고/꿈을 꿀 수 있는"(「누하동 260 ― 은희에게」) 시간과 공간과 이야기가 있다. 그곳에서 만날 수 있는 '흰 당나귀'는, 물을 것도 없이, 어느 가난한 사내가 아름다운 나타샤와 함께 타고 마가리에 갈 것을 상상했던, 바로 그 감정의 동료일 것이다. '흰 당나귀'를 만나 몽글몽글 피어나는 벚꽃을 바라보다 잠깐 사이에 흰 꽃들은 떠나고 밀려드는 눈송이만 창문을 두드릴 때, 그 옛적 청년 백석이 노래했을 '국수'의 맛도 전해오고 "아주까리기름 쪼는 소리"도 들려올 것이 아니겠는가. 이렇게 겨울을 지나 '흰 당나귀'는 청년 백석의 이야기를 싣고 이곳 "바람의 말과/수성동 계곡의 물소리"를 따라 "느릿느릿 읽어주는 시"처럼 당도할 것이다. 이처럼 박미산은 많은 선배 문인들을 따라왔다가, 백석에 이르러 자신의 글쓰기 충동과 그 의미로 귀환하는 계기를 완성한다. 그리고 몽글몽글, 푸릇푸릇, 타박타박, 느릿느릿, 그녀의 시쓰기는 차근한 행로를 이어갈 것이다. 옛적을 기억하고 현재형을 넘어 미래형으로 성큼 나아갈 것이다. 시집 끝에 실린, 새로운 귀환이자 출발을 암시하는 시편은 그러한 가능성을 깊이 암시해준다.

아타카마 사막
아무도 살 수 없는 불모의 땅이었다
몇 천 년 만에 폭우가 내렸다
내 생애에 있을 수 없는 일이었다
넘실대는 활자를 품고
달의 계곡을 걷기 시작했다

모래 바람이 부풀고 있다
싹트던 문장들이 낙타 등에서 곤두박질쳤다
발길에 채이고 짓밟히며
죽음의 계곡으로 떨어졌다
찢어지고 젖어 알 수 없는 문자들

이름 한 번 얻지 못한 사막 깊은 곳에서
뜨겁게 달궈진 시가 훗날 발굴될 수 있을까
빗방울을 발목에 걸고
내일 또 내일을 걸어야겠다
흔적 없이 또 사라질지라도,

- 「꽃들의 발소리」 전문

'시인 박미산'은 아무도 살 수 없는 불모의 땅 "아타카마 사막"에 내린 "몇 천 년 만에 폭우"로 모래 바람은 부풀어 오르고 "싹트던 문장들"은 "찢어지고 젖어 알 수 없는 문자들"이 되어버렸다고 한다. 그렇다면 "이름 한 번 얻지 못한 사막 깊은 곳에서/뜨겁게 달궈진 시"는 훗날 발굴될 수 있을까? 어쩌면 이렇게 사막에서 들려오는 "꽃들의 발소리"는 시인으로 하여금 "내 몸은 밤의 사막"(「간섭의 궤도」)이며, "너는 모래사막을 끝없이 걷다가 만난 은하수"(「연두야!」)이고, "보름달이 모래알로 변하는 걸"(「복녀씨 달」) 바라보면서 "단단해진 모래 위로 길이 나"(「붉은 말 조련사」) 있음을 믿는 과정을 밟아가게끔 할 것이다. 그리고 "빗방울을 발목에 걸고/내일 또 내일을 걸어야" 한다는 다짐 아래 들려오는 "꽃들의 발소리"를 통해, 시인은 비록 흔적 없이 사라질지라도 깊은 수원(水源)에서 출렁여오는 삶의 음향을 스스로의 시쓰기 동력으로 바꾸어갈 것이다. 그래서 "꽃들의 발소리"는 시인의 말소리가 되어 사막을 건너 별빛에 이를 것이다. 이제 이 시편은 박미산의 궁극적 귀착지이자 새로운 출발지가 될 것이다.

　박미산의 시는 다양한 인물들을 통해 삶에 대한 근원적 터치를 보여주는 필법(筆法)에 의해 발원하고 펼쳐져간다. 시인은 이러한 근원적 사유를 통해 외상(外傷)과 갈등으로 점철될 수밖에 없는 삶을 견디게끔 하고 반성적 시선을 가지게끔 해준다. 그만큼 그녀의 시는 오랜 시간 쌓아온 기억의 적층(積層)으로부터 솟아나, 일견 상승과 비약의 이미지로, 일견 침잠과 각인의 이미지로 번져간다. 이러한 의지는 투명하고 신성한 사물과 만나는 시간 경험을 가지게끔 해주면서, 어떤 존재론적 근원을 향하게끔 만들어준다. 물론 여전히 "박미산의 시들은 몸에서 솟구쳐 나온다."(김주연, 「해설」, 『태양의 혀』)라는 지적을 상고하면서 우리는 그녀가 전해주는 '몸의 기억'이 삶의 지극한 순간과 이치를 직관적으로 포착함으로써 새로운 사유의 지경을 암시하는 데 진력해가고 있다는 사실에 상도(想到)하게 된다. 기억의 원심력을 최대한 발휘하여 새로운 의지를 구축해가는 이러한 태도야말로 앞으로의 박미산 시를 만들어가는 동력이 되어줄 것이다. 그래서 우리는 '존재의 기원'과 '사람의 심연'을 찾아가는 균정(均整)의 시학을 한껏 펼친 이번 시집을 마음에 품고, 그 '세상'을 건너면서, 새로운 삶의 도약을 향해 나아갈 박미산 시의 새로운 행보를 기대해보는 것이다.

CHAEMUNSA PURPLE BOOKS
채문사 시인선 007

## 흰 당나귀를 만나보셨나요

2020년 3월 21일 제 1판 1쇄 발행
2022년 1월 22일 제 2판 1쇄 발행

지은이  박미산
발행인  인세호
편집인  인세호

발행처  (주)채문사
주소    서울시 마포구 독막로6길 9, 2층 2426호
전화    070—7913—2333
등록    2018년 4월 12일 (등록번호 제 2018—000101호)
인쇄    (주)한솔피엔비
ISBN   979-11-975732-9-3

\* 이 책은 2019 인천문화재단 예술표현활동 창작 지원금으로 발간되었습니다..
\* 이 시집은 사회적 기업 (주)디올연구소의 노안, 저시력자용 특수 폰트를 사용하고 있습니다.

\* 잘못 만들어진 책은 구입처에서 바꿀 수 있습니다.
\* 이 책에 실린 내용의 전부 또는 일부를 재사용하려면 (주)채문사의 동의를 받아야 합니다.
\* 가격은 표지에 표시되어 있습니다.

Printed in Korea
Copyright © 2022 by Chaemunsa Co., Ltd. All rights reserved.
http://www.chaemunsa.com